カルビー
ハウス食品
サントリー
雪印メグミルク

66

食べものの会社

職場体験完全ガイド 会社員編 もくじ

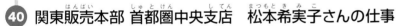

＊本書掲載の内容は2020年3月末現在のものです。

この本で紹介している企業の「SDGsトピックス」について

●わたしたちが地球にくらしつづけるために、企業としてできること

SDGsは2015年に国連で採択された、「持続可能な開発」のための国際社会共通の目標です。「持続可能な開発」とは、未来の世代がこまることのないように、環境をまもりながら現在の世代の要求を満たしていくことです。2016年から2030年の15年間で、17の目標の達成をめざすことが決められました。採択には日本をふくむ150以上の国連加盟国首脳が参加しました。

SDGsは世界共通のものさしであり、国、組織、企業、学校、個人などそれぞれの立場で目標に取りくむことが可能です。企業には、その社会における責任をはたすために、技術や知恵、資金をいかして課題の解決にとりくむことが期待されています。とりくみを進めることで企業価値が高まり、新たな事業が生まれるという利点もあります。

この本では、環境保護や社会貢献活動といったサステナビリティ（持続可能性）を重視する企業を取材し、その企業がとくに力を入れているとりくみや、みなさんに知ってほしいトピックスを選んで紹介しています。

SDGsの17の目標

SUSTAINABLE DEVELOPMENT GOALS

目標1 貧困をなくそう

目標2 飢餓をゼロに

目標3 すべての人に健康と福祉を

目標4 質の高い教育をみんなに

目標5 ジェンダー平等を実現しよう

目標6 安全な水とトイレを世界中に

目標7 エネルギーをみんなにそしてクリーンに

目標8 働きがいも経済成長も

目標9 産業と技術革新の基盤をつくろう

目標10 人や国の不平等をなくそう

目標11 住み続けられるまちづくりを

目標12 つくる責任つかう責任

目標13 気候変動に具体的な対策を

目標14 海の豊かさを守ろう

目標15 陸の豊かさも守ろう

目標16 平和と公正をすべての人に

目標17 パートナーシップで目標を達成しよう

Calbee

カルビー

品質審査部 食品法令課
加籠六孝一さんの仕事

カルビーは東京都千代田区に本社を置く、スナック菓子を製造・販売している会社です。ここでは製品の品質を管理する仕事のうち、法令（法律と公的な決まり）と照らしあわせて、パッケージの食品表示をチェックする加籠六孝一さんの仕事をみていきましょう。

カルビー

カルビーは、ジャガイモや小麦などを原料としたスナック菓子を製造、販売する会社です。創立以来、「自然のめぐみを大切にいかし、人びとのすこやかなくらしに貢献する」ことを目標に商品を提供し、近年はシリアル製品の販売や海外事業にも力を入れています。

カルビーグループ
本社所在地 東京都千代田区　**創業** 1949年　**従業員数** 3,763名（2019年3月31日現在）

技術開発とアイデアによって生まれた「かっぱえびせん」

最初のヒット商品「かっぱあられ」は、小麦粉からあられをつくる技術開発の成功で誕生しました。その後、生の海産物を小麦生地に練りこむという画期的なスナック「かっぱえびせん」が、東京オリンピックの年（1964年）に誕生しました。味はもちろん、エビがカルシウムたっぷりの殻ごと入っているのが魅力の商品で、全国で大ヒットしました。

▶サクサク食感で、「やめられない、とまらない」のフレーズでおなじみの「かっぱえびせん」。

自然のめぐみをいかし味を追求した「ポテトチップス」

1970年代にはじまった、ジャガイモを使った商品開発のなかで、カルビーの代名詞ともいえる「ポテトチップス」が生まれ、40年以上にわたって愛される商品となっています。毎年新しい味の商品がつくられています。

◀期間や地域の限定品をふくめると年間100種類くらいの味の「ポテトチップス」が発売されています。

社会の動きや人びとのニーズを
とらえた商品を販売

カップに入ったスナック菓子など、お客さまがもとめている商品を数多くつくり、販売しています。シリアルは、朝食をぬきがちの子どもや、女性の健康をサポートしたいという思いから生まれ、シリアルが日本の朝食の定番の一つとなる基盤をつくりました。

◀「時短」「鉄分」「食物繊維」をコンセプトに、とくにはたらく女性の健康をサポートする商品として生まれた「フルグラ」。いまでは中国へも人気が拡大しています。

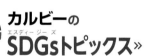

◀カップ型スナック菓子「じゃがりこ」は、女子高校生のかばんに入れてもちあるけるような形として考案されました。

▶「1才からのかっぱえびせん」は、油を使用せず、塩分をカットしたうす味で、カルシウムもたっぷり。小さな子どものおやつに最適です。

カルビーの
SDGsトピックス》

12 つくる責任 つかう責任

ポテトチップスの賞味期限延長で
食品ロスの削減を実現

まだ食べられるはずの食品が、売れのこったり賞味期限切れのためにすてられてしまう「食品ロス」を減らすことは、世界的な課題になっています。

カルビーではこの課題にとりくみ、品質改良を重ねて、賞味期限をのばしても品質がたもたれるポテトチップスの開発に成功しました。賞味期限の延長と合わせて、賞味期限の表示も、「年月日」から「年月」のみとしました。これは、1日すぎたら食べられない、というお客さまの心の負担をへらすことで、食品ロスの削減につながると考えてのことです。

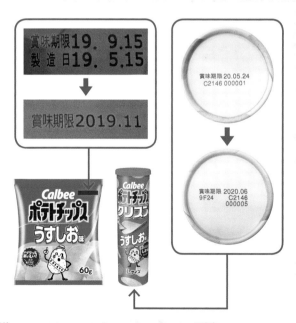

袋入りの「ポテトチップス」は2か月、筒状の「ポテトチップクリスプ」は1か月、賞味期限の延長に成功しました。

カルビー

品質審査部 食品法令課
加籠六孝一さんの仕事

カルビーが製造・販売する商品が、安全で安心なものかを調査するために置かれているのが品質保証本部です。そのなかで、加籠六さんの所属する食品法令課は、商品の企画内容やパッケージのさまざまな表示をチェックし、違反をしていないか確認をする仕事をしています。

食品表示を承認する

■食の安全・安心をまもる仕事

品質保証本部は大きく、原材料の安全性やパッケージの表示を確認する品質審査部と、商品がルールどおりに生産されているかを確認して、品質改善の支援などを行う品質監査部に分かれています。

加籠六さんは、品質審査部のなかの食品法令課に所属しています。食品の表示に関して、原材料やアレルゲン[*1]などの表示や誤解をまねく表現などについて、法令[*2]でさまざまな決まりが定められています。

加籠六さんたちは、法令にもとづいて、新商品に使うこ

パッケージの裏面には、商品の名称や原材料名、保存方法、アレルゲンなどの情報が表示されています。

とばにあやまりや違反がないかを調べたり、パッケージの表示をチェックしたりする仕事をしています。お客さまに安心して商品を買ってもらうために大事な仕事です。

■新商品に使うことばを確認して承認する

新商品が出るときには、商品企画の担当者から企画内容

を確認してほしい、と依頼がきます。まず、「北海道の新じゃがを使って、塩味をひかえたポテトチップスを『ア・ラ・ポテトうすしお味』という商品名で発売したい」という情報が、コンピューターで共有されます。

加籠六さんは、企画の内容を確認し、商品名や商品について表現することばが、法令に照らしあわせて問題がないかを調べます。

たとえば、商品名が「うすしお味」と味を表現すること

*1 アレルギーの原因となる物質のことです。
*2 日本では、「食品表示法」にもとづいて、販売される食品に表示する内容や、表示方法の基準などが定められています。

商品企画の担当者から、企画を出す前に、いま考えている商品の原材料や表現などについて、法令上問題がないかを相談されることもあります。

ばであれば問題ありませんが、「うすしお」だけだと、この商品が「減塩」の商品だとお客さまに誤解される心配があります。「減塩」と表示する商品は、法令の基準を満たしていることの科学的な根拠をしめす必要があります。

しっかりと確認し、問題がなければ企画を承認します。

■パッケージの表示内容を確定する

企画内容の承認が終わると、次は商品開発の担当者が作成した、パッケージに表示する情報を確認します。

食品添加物の表示の決まりや法令などを見ながら、足りない情報はないか、問題はないかを確認します。

まず、裏面に掲載される原材料名、内容量、栄養成分、アレルゲンなどの表示に問題がないかをチェックします。

さらに、商品の名称、保存方法、製造者などの表示をチェックし、問題がなければ、表示内容を確定します。

パッケージの校正をする

■表示が正しく入っているか確認する

表示内容が決まったら、商品企画の担当者によって、パッケージが製作されます。表示内容が入ったパッケージ全体のデザインができると、その校正紙＊を加籠六さんたちが確認します。

パッケージの裏面や表面に記載された表示に関して、必要な情報が入っているかなど、チェックリストと見くらべながら一つひとつチェックしていきます。

内容だけではなく、表示される位置の確認も重要な仕事です。表示が正しい位置に入っていないと、印刷をしたときに、文字やマークが切れたり、ずれたりするからです。

パッケージの校正紙を、チェックリストと照合しながら、チェックします。

＊本番の印刷を行う前に、文字やデザイン、色味などを確認するためにためし印刷をした紙のことです。

専用の透明スケールで、表示の位置をチェックします。賞味期限は工場で印字するので、そのスペースの確認も行います。

バーコードなど、大きさや表示する位置が決まっているほかの情報も確認します。

記載された情報の表示位置を確認するときは、専用の透明スケールを使います。

表示内容や位置を確認して、問題があれば、商品企画の担当者に伝え、修正を依頼します。修正されたものがきたら、再度チェックを行い、なおっていれば、加籠六さんの確認作業はここで終わりです。

情報を収集・共有する

■法令の改定や変更がないかチェックする

食品表示に関する法令や制度は、たびたび改定・変更が行われるので、つねに情報を確認して注意をはらいます。新しい情報が出たら、いつまでにどの表示を切りかえたらよいのかなどを確認し、課で情報を共有します。

また、製造工程で異物が混入したり、アレルギーを起こした人が出たりして、商品を回収したほかの会社のケースがあれば、原因などを確認して、同じ事故をふせぐための参考にします。

■会社の表示方針を社員に知らせる

安全な商品を提供するためには、品質保証を担当する部だけではなく、社内全体で品質の管理にとりくむ必要があります。

食品法令課では、法令をもとにして決めた、会社の表示方針を、社員に知ってもらうための勉強会やワークショップを開催します。

表示の表記ルールや、法令の改定にもとづく表示の切りかえ期限などを、わかりやすく社員に伝えます。

勉強会では、会社の表示方針、表示のルールを各部門で共有できるように説明します。

カルビーの加籠六孝一（かごろくこういち）さんに聞きました

インタビュー

法令をまもって、お客さまに安全な商品を提供（ていきょう）します

大阪府（おおさかふ）出身。大学では農学部で園芸食品利用学を学びました。大学卒業後、1999年にカルビー株式会社に入社。1年間の研修（けんしゅう）をへて、愛知県（あいちけん）の名古屋支店（なごやしてん）で営業（えいぎょう）、京都工場（きょうと）で品質保証（ひんしつほしょう）の仕事にたずさわりました。2009年から本社勤務（ほんしゃきんむ）となり、2015年から食品法令課で食品表示（ひょうじ）の承認（しょうにん）の仕事をしています。

商品を安全に市場に出すための最後の関所

Q この会社に入ったきっかけはなんですか？

わたしは小さなころから食べものが好きでした。大学時代には食品加工について勉強し、将来（しょうらい）は食品をつくる会社ではたらきたいと思っていたのです。

就職活動中（しゅうしょく）はいろいろな会社について調べましたが、おいしいスナック菓子（がし）をたくさん販売（はんばい）しているカルビーに、いちばん興味（きょうみ）をもち、応募（おうぼ）しました。

でも、大好きでよく食べていた「じゃがりこ」がカルビーの製品（せいひん）だったことは、採用（さいよう）が内定してからわかったことでした。親しんだお菓子がカルビーの商品だったことに、会社との縁（えん）を感じました。

透明スケール

パッケージチェックのとき、校正紙に当てて、表示の位置が正しく入っているか確認するための専用スケールです。商品企画の部署でつくってくれたもので、これを当てると、一つずつ定規ではからなくてもよく、効率よくチェックすることができます。

Q 仕事のどんなところにやりがいを感じますか?

食品法令課は、ブランドのイメージをまもり、お客さまの期待にこたえる商品を販売するための、最後の関所のようなところだと思います。わたしはそこの番人です。法令に違反する表記やことばはぜったいに通しませんし、お客さまがかんちがいしてしまうような表現もみとめません。

けれども、商品を企画したり開発したりした担当者は、自分の手がけた商品を、よりお客さまにアピールしたいと考えるので、表現が強調されたり、大げさになったりしがちです。「これぐらいの表現ならいいでしょう」と担当者から言われても、その根拠をしめせなければ、表現を変えてもらうようにします。

商品が無事に発売され、その担当者から「おかげで、もっといい表現ができてよかった」と言ってもらえるのは、やはりうれしいことです。

また、食品表示で気をつかうのは、アレルゲンの表示です。これをまちがえると、お客さまに健康被害が出るおそれがあり、商品を回収しなくてはいけないからです。

Q 子どもたちに伝えたいことはありますか?

お菓子のパッケージに表示されている製品の情報に関心をもってもらいたいです。おいしく食べたら、どんなことが書かれているのか、表示を見て理解し、楽しんでほしいと思います。

一問一答 Q&A

Q 小さいころになりたかった職業は?
電車の運転士

Q 小・中学生のころ得意だった科目は?
算数(数学)、理科、社会

Q 小・中学生のころ苦手だった科目は?
図工、英語

Q 会ってみたい人は?
徳川家康

Q 好きな食べものは?
お好み焼き、たこ焼き

Q 仕事の気分転換にしていることは?
ウォーキング(長い距離を歩く)

Q 1か月休みがあったら何をしたいですか?
国内旅行

Q 会社でいちばん自慢できることは?
アットホームで、上司、部下のかき根が低いところ

カルビーの
加籠六孝一さんの
一日
（か　ご　ろくこういち）

メンバーそれぞれが担当している仕事の進み具合を報告します。パッケージのデザインについての相談もします。

スタート！！

自分の席は決まっていません。出社したら、まずコンピューターで座席を決めます。

商品企画担当者から、新商品に使う原材料について意見をもとめられました。

起床・朝食	出社・メールチェック	商品企画担当者と 打ちあわせ	課内ミーティング
5:30	8:00	9:00	10:00

就寝	帰宅・夕食	退社	資料作成	情報収集	パッケージ チェック	昼食
23:00	20:00	18:30	16:00	15:00	13:00	12:00

インターネットを使って、食品表示に関する法令や制度の改定について、最新の情報を調べます。

パッケージの校正紙をチェックリストと照合し、まちがいがないかを確認します。校正作業は、1人で1日3〜4件ほど行います。

修正されたパッケージのチェックをします。商品開発の担当者に、修正した点などを確認します。

カルビー人財・組織開発部の
冨永玲奈さんに聞きました

こんな人とはたらきたい！

- ☑ 自分から行動を起こせる人
- ☑ 未来に向けて行動を起こせる人
- ☑ 相手のために行動できる人

積極的に挑戦して革新を起こしてほしい

カルビーでは、自分の力で行動し、会社の未来に革新を起こす人をもとめています。

会社としても、困難な課題に積極的に挑戦して、成果を出し、成長しつづけられる組織をめざしています。それは、カルビーの歴史がそうした挑戦者によってつくられてきたものだからです。

創業者は、1960年代当時、国民に不足していたカルシウムを手軽におぎなえるようにと、使い道のなかった瀬戸内海の小エビをまるごとスナック菓子に変えて「かっぱえびせん」として世の中に送りだしました。「未利用の食料資源を活用して、革新的な商品を生みだす」という創業者の思いは、その後の商品に受けつがれています。

そうした創業以来のカルビーの精神を受けつぎ、新たなカルビーをつくっていく人財を会社も支援しています。

商品を通してお客さまを楽しませる思いを大切に

カルビーは、スナック菓子会社というイメージが強いのですが、それだけでなく、社員はみな、「商品を通してお客さまを楽しませたい、おいしいと言ってもらえる場を提供したい」という思いを強くもって仕事をしています。ですから、「こういう商品をつくりたい」という思いで終わるのではなく、その商品で「どのようにお客さまに楽しんでもらえるか」を仲間といっしょに考えて、行動できる人をわたしたちは待っています。

「従業員とその家族を大切にする」という考えのもと、本社では、毎年1回「ファミリーデー」というイベントをもうけています。従業員の家族をまねき、オフィス見学やゲームを通じ、家族に会社を理解してもらう機会にしています。

事業戦略本部　食品事業一部
鈴木華さんの仕事

ハウス食品は、カレーをはじめとして、食卓にならぶさまざまな食品を製造、販売している食品メーカーです。ここでは商品の企画を考える部署に所属して、おもにレトルトカレーの企画を担当している鈴木華さんの仕事をみていきましょう。

ハウス食品

ハウス食品は、カレーのルウを中心として、家庭で食べるさまざまな食品の製造や加工、販売をしている食品メーカーです。創立以来、「食を通じて、家庭の幸せに役立つ」ことを大切にしながら、家庭の食卓にならぶ商品をつくっています。

ハウス食品株式会社
本社所在地 東京都千代田区／大阪府東大阪市　**創業** 1913年　**従業員数** 1,551名（2019年3月31日現在）

バーモントカレーをはじめ、みんなに愛されるカレーを生産

創業以来、家で食べられる即席のカレールウを中心にさまざまなカレーの商品を世の中に送りだしてきました。なかでも、1963年に発売された「バーモントカレー」は、爆発的なヒット商品となり、発売してから50年以上たった現在も、日本でいちばん売れているカレールウです。

▶カレーは、子どもからおとなまで愛されている「バーモントカレー」などのルウをはじめ、手軽に食べられるレトルト食品など、さまざまな形で販売されています。

▲おろしたてのかおりにこだわった「生わさび」など、本物を意識した「特選本香りシリーズ」は、人気の商品です。「コショー」などのびんタイプは、ふたを片手であけしめでき、料理のしやすさを考えた商品です。

知識と技術力をいかした豊富な香辛料

もともと和漢生薬の薬種問屋＊が前身だったハウス食品は、香辛料（スパイス）に関する知識と技術もトップクラスです。かおりやからみ、色づけなど、用途によってさまざまな商品が販売されています。ホームページでは、スパイスごとに使いかたや調理法なども紹介しています。

＊天然由来の原料による薬を調合・販売する商店のことです。

だれにでもかんたんにつくれて、心をあたたかくする食品を提供

安心でおいしく、かんたんにつくれる商品をモットーに、カレーのほかにも、めん類やお菓子など、たくさんの商品を製造、販売しています。どの商品も、食べることで、心があたたかくゆたかになることを考えながら開発されました。

▼▲ハヤシライスやデザートなど、家庭の食卓にのぼるさまざまな商品をつくっています。

ハウス食品のSDGsトピックス》

3 すべての人に健康と福祉を

12 つくる責任つかう責任

食物アレルギーのある人が安心して食べられるように

アレルギーのある子どもがいる家庭では、アレルギー対応メニューとそうではないメニューを分けてつくることが多くなります。ハウス食品ではそのような毎日の献立づくりに苦労している家庭でも、手軽に家族みんなで食べられる新しい商品を開発しました。

「特定原材料7品目*不使用シリーズ」は、工場でアレルギーの原因となる物質が混入しないように、器具や工具、身につける服などを専用のものにするなど、徹底的な管理をしてつくられています。

「特定原材料7品目不使用シリーズ」の商品。カレー、シチュー、ハヤシライスソースなどが販売されています。

＊アレルギーを引きおこしやすいため、加工食品のパッケージに表示が義務づけられている原材料です。小麦、乳、卵、落花生（ピーナッツ）、そば、えび、かにの7品目です。

ハウス食品

事業戦略本部 食品事業一部
鈴木華（すずきはな）さんの仕事

鈴木さんの所属（しょぞく）する食品事業一部のおもな仕事の一つが、新商品の企画（きかく）を立てて商品化することです。鈴木さんはレトルトカレーを担当（たんとう）し、企画どおりのカレーになるように、何度も試作されたカレーを食べて味をチェックします。そして、企画した商品が工場でつくられ、お客さまにとどくまでを見とどけます。

新 商 品 を 企 画（きかく）す る

■新商品の企画を考える

　たくさんの人に喜んでもらう商品をつくるためには、まず、お客さまがどのようなレトルトカレーを食べたいかを知らなければなりません。自社の商品の売れゆきを確認（かくにん）するのはもちろん、よく売れているほかの会社のルウ商品を食べたり、いろいろなお店のカレーを食べたりして研究します。

　調査（ちょうさ）を担当（たんとう）する部署（ぶしょ）に依頼（いらい）をして、お客さまに関する調査を行うこともあります。お客さまの要望や、毎日の家事にどのような不満をもっているかなど、情報（じょうほう）を分析（ぶんせき）して「こんな商品があったらいいのに」というお客さまの願いを企画に反映（はんえい）していきます。

■関係部署に企画の内容（ないよう）を伝える

　考えた企画が商品になるまでに半年以上かかります。また、多くの部署の協力が必要になります。そのため、商品を企画した理由を、だれにでもわかるように伝え、共感してもらわなければなりません。

　新しいカレーをつくるのは、開発研究所という部署です。どのような味にしたいか、具材や見ためはどうしたいかなどを伝え、相談します。

　レトルトカレーはパウチとよばれる袋（ふくろ）に入れ、箱につめて販売（はんばい）されます。包装（ほうそう）などを

ほかの会社の商品が、どのようにつくられているのか調べて、企画（きかく）のアイデアを出すこともあります。

部署内で企画について話しあいます。みんなで話すと、アイデアがうかんだり、ヒントももらえたりします。

企画を考えたら、まず上司に伝えます。データを用いながら、なぜこの商品を企画したのか理由を説明します。

担当する資材部には、新商品に適切なサイズや形などについて意見をもらいます。

また、じっさいに新商品を製造する工場には、企画したカレーが大量生産できるかどうか、問題になる点はないかを確認します。

それぞれの部署に企画の内容を検討してもらうと、さまざまな課題が出てきます。一つずつ話しあいながら解決していきます。

■販売価格を決めてコストをわりだす

企画を立てるときは、お店にその商品がいくらで置かれるかも考えます。価格を設定してみると、原料や製造にどのくらいのお金が使えるか（コスト）がわかってきます。

会社に利益を生みだせるかどうかを計算するのも、企画担当者の重要な仕事です。

■発売までのスケジュールを決める

課題を解決して企画が通ると、発売日に新商品を確実に店頭にならべるため、いつまでにどの部署がどの工程を終わらせていればよいかを把握しておかなければなりません。日程に合わせて、それぞれの部署に仕事の依頼をしていきます。

企画を商品化する

■試作をくりかえし味をチェックする

開発研究所に、企画した味や色味で試作品をつくってもらいます。めざす味を共有するために、開発研究所の担当と企画の参考になるお店のカレーをいっしょに食べにいくこともあります。

試作品ができたら、味や色味が希望したものになっているか、スパイスのかおりはどうかなどを確認します。そして、改善したい点を開発研究所の担当に伝え、新たな試作品をつくってもらいます。納得する味になるまで試作をくりかえします。

試作品は、上司や同じ部署の仲間と食べて、意見をまとめます。1回でオーケーが出ることはなく、10回以上試作品をつくってもらうこともあります。

デザイン部との打ちあわせでは、さまざまなパッケージを見ながらアイデアを出しあいます。

■パッケージの　デザインを考える

　パッケージは商品の顔です。どのような写真や商品名、宣伝文が適切なのかを考え、それらがいちばんよく見える形をデザイン担当者と相談しながらつくっていきます。

　また、パッケージには、原材料名などのさまざまな情報を記載します。食品表示法などの法律の基準にそっている

か、お客さまに誤解をあたえない表現になっているかを、品質保証部という部署に確認してもらいます。

■工場に生産の　依頼をする

　カレーの味が決まり、パッケージのデザインも決まったら、次は工場に生産を依頼します。同じ部署の販売担当者と協力して、どのくらいの数の商品をつくるか工場へ連絡します。工場でつくったカレーが、試作品と同じように仕あがっているかを確認することも重要です。

新商品を市場へ送りだす

■営業担当に商品の　説明をする

　商品が完成したら、全国の営業部署へ新しい商品の説明をしにいきます。商品のセールスポイントを説明し、店頭でどのように販売してほしいかを伝えます。

　商品がたなにならぶまでは気がぬけません。輸送中に箱がつぶれるなどのトラブルがあれば、企画の担当者が対応します。商品の配送状況も

しっかりと見とどける必要があるのです。

■商品の売れゆきを　チェックする

　店頭にならんだあとは、販売状況のチェックをします。営業担当者から直接話を聞き、全国のお店でどのくらいの商品を仕入れてもらえたかをデータでも確認します。

営業担当のスタッフに、商品の企画の意図をしっかりと伝えます。

　まずは店頭のたなに置いてもらうことが大事です。販売状況を分析し、営業と相談して、販売先を広げていきます。

ハウス食品の鈴木華さんに聞きました

・・・・・・・・・・・・・・・・・・・・・・・・・・・・・・・・・・・・

インタビュー

「食」を通じて、人のくらしを ゆたかにしたい

1992年神奈川県生まれ。大学のとき、イギリスに留学し、ジェトロ（日本貿易振興機構）の食べものをあつかう部署で職業体験をしたり、日本料理店でアルバイトをしたりしたのがきっかけで、食に興味をもちました。2016年に入社し、現在は、レトルトカレーの新商品の企画や、定番商品のリニューアルを担当しています。

関連部署と コミュニケーション をとることが大切

Q この会社を選んだ 理由はなんですか？

イギリスへ留学中、日本料理店でアルバイトをしました。そこで、生魚を食べたことのない人たちが、おすしにチャレンジして好きになっていく様子を目の前で見ました。

人はいままで口にしたことがないものでも、外食などでおいしいと知れば、食べるようになります。さらに、食品メーカーがそれを商品にして販売すれば、手軽に家でも食べられるようになります。

こんなふうに食習慣が生まれることがおもしろくて、食品メーカーに興味がわきました。食の広がりが生活をゆたかにすると思っていたので、ハウス食品の考えに共感して、はたらきたいと思いました。

Q どんなときにうれしいと感じますか?

　レトルトカレーは、次つぎに新しい商品が発売されるのが特徴です。なので、担当した商品を店頭で見ると、うれしく感じます。そして、お客さまに家で食べていただく場面を想像すると、新しい企画への意欲もわいてきます。

Q 成長したと思えることはありますか?

　新商品の企画を立てても、いろいろな人の協力を得なければ、商品化することはできません。入社当初は、関係部署へ企画を説明しにいっても、「お客さまにとってどんな価値があるの?」「たなにどうならべて売るの?」などの質問に、うまく答えられないこ

わたしの仕事道具 🔧

ノート

考えをまとめたいときは、ノートに手書きするのがいちばんです。新しい商品のアイデアやほかの部署と電話で相談した内容なども、すべてこのノートに記録しています。入社4年めですが、すでに14冊ものノートがたまりました。

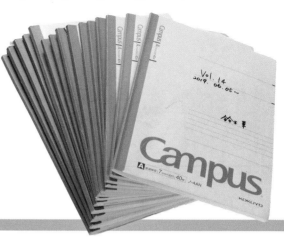

ともありました。

　企画を立てるうえで大切なことは、商品が店頭にならんでお客さまの手にとどくまでをイメージできることだと思います。

　いまは、半年以上先のことを想像しながら、各部署からの質問にも答えられるように企画を考えています。

Q 仕事で大事にしていることは?

　各部署には、味や生産、パッケージなどの専門家がいます。わたしは仕事の経験が浅いからこそ、そういった人たちとコミュニケーションをとる大切さを学びました。わからないことは相談して、教えてもらうことを大事にしています。

一問一答

Q 小さいころになりたかった職業は?
ピアニスト

Q 小・中学生のころ得意だった科目は?
音楽

Q 小・中学生のころ苦手だった科目は?
体育

Q 会ってみたい人は?
ジーニー（ディズニー映画の『アラジン』に出てくるキャラクター）

Q 好きな食べものは?
豚汁

Q 仕事の気分転換にしていることは?
アイスクリームを食べる

Q 1か月休みがあったら何をしたいですか?
イギリス旅行へ行く

Q 会社でいちばん自慢できることは?
社員ひとりひとりがプロフェッショナルであること

ハウス食品の
鈴木華さんの
一日

企画の進行状況を上司に報告します。うまくいっていないことがあれば相談します。

出社したら、まずはメールチェック。いろいろな部署にお願いしている仕事の状況を確認します。

企画の参考にするため、昼食は気になるお店のカレーを食べにいきます。店はインターネットで事前にチェックしておきます。

スタート！！

起床・朝食	出社・メールチェック	上司と打ちあわせ	調査・昼食
7:00	8:30	10:00	11:00

23:00	22:00	19:00	17:00	15:00	14:00	13:00
就寝	帰宅	友人と外食	退社	企画を考える	チームミーティング	デザインチェック

いそがしい毎日ですが、企画をじっくりと考える時間は、とても大事です。

所属する部署の仲間とチームミーティングを行います。それぞれ別べつの商品を担当していますが、情報はみんなで共有します。

進行している企画のパッケージデザインを上司にも見てもらい、意見交換をします。

ハウス食品

ハウス食品人事総務部採用担当の
南泉希さんに聞きました

こんな人と
はたらきたい！

☑ 食を通じて世の中に笑顔を
　とどけたい人

☑ 食に興味・関心をもっている人

食を通じて世の中に笑顔をふやしたい

　ハウス食品には、社名に「ハウス」とあるとおり、家でつくって食べる商品がたくさんあります。わたしたちは、食を通じて、笑顔のあるくらしをとどけることを大切にしています。人が食で笑顔になる理由はさまざまです。おいしいものを食べたとき、はたらくお母さんが短時間で食事の

したくができて家族との時間がふえたとき、また、ひとりぐらしの人も家庭の味を思いだして笑顔になるかもしれません。

　ハウス食品の社員は、どんな商品があれば、みんなのくらしに笑顔がふえるのかを、考えながら仕事をしています。

食にこだわりをもつ人が多い会社

　食にかかわる仕事なので、

食に興味がないとつづけられません。食べることが大好きだからこそ、社員は、お客さまによりおいしく、より簡便に、より健康に、安心して食べていただける商品を食卓にとどけるという使命感をもち、それぞれの仕事にほこりをもってはたらいています。

食に関する興味を広げてみてほしい

　毎日の食事を大切にし、食べるだけではなく、つくる経験もしてほしいと思います。そして「この料理はどうやってつくったのかな？」「素材はなんだろう？」など、食への興味を広げてみてください。ちょっとした気づきが、世の中に笑顔をふやすきっかけになるかもしれません。

「バーモントカレー」は、食卓に笑顔をとどけたいという思いからできた代表的な商品です。子どもにはからくて食べられなかったカレーに、リンゴとハチミツを加え、まろやかでコクのある味にして、家族で楽しめるようになりました。写真は1963年の発売当時のパッケージです。

研究・開発・設計

SUNTORY

サントリー

水科学研究所
川﨑雅俊さんの仕事
（かわさきまさとし）

サントリーは、大阪府大阪市に本社を置く、飲みものの製造・販売をする会社です。ここでは、製品を製造するための地下水を確保するために、新しい水源をさがしたり、地下水の様子を調査したりする、川﨑雅俊さんの仕事をみていきましょう。

サントリー

サントリーは、お客さまに水を原料とした商品をとどける企業です。「水と生きる」ということばを社会との約束にして、水をとても大切にしています。飲料水の販売のほか、原料として使う水をまもる活動や、文化を支援する社会貢献の活動にも力を入れています。

サントリーホールディングス株式会社
本社所在地 大阪府大阪市 **創業** 1899年 **従業員数** 3万9,466名（2018年12月31日現在）

日本人の好みを追求したお酒をつくり、提供する

サントリーは、1899年にワインをつくる会社としてはじまりました。創業者の鳥井信治郎は、日本人好みのウイスキーをつくることに挑戦し、1929年に日本初の本格国産ウイスキーを発売しました。その後改良を重ね、このウイスキーはびんの形から「角瓶」とよばれるようになりました。現在では、世界じゅうの人から愛される多くの種類のお酒をつくっています。

◀ウイスキー「角瓶」のびんは、亀甲模様が特徴。ここにも国産らしさをとりいれています。

▼天然水にこだわってつくるビール「ザ・プレミアム・モルツ」は、世界的にも人気が高い商品です。

自然がはぐくんだ天然のおいしさをとどける「天然水」

飲料水として人気の「天然水」は、山の地下深くにある地下水をくみあげて製造しています。地下水は、山にふった雨や雪が地面にしみこみ、大地にみがかれながら20年以上の年月をかけてできたものです。「天然水」は、森がはぐくんだ自然本来のおいしさを味わえる飲料水なのです。

「天然水」の水源地は、現在3か所あります。東日本では南アルプス、西日本では奥大山、九州では阿蘇です。工場はそれぞれの土地に建てられ、直接水源から地下水をくみあげています。

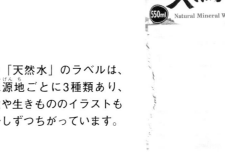

▶「天然水」のラベルは、水源地ごとに3種類あり、山や生きもののイラストも少しずつちがっています。

子どもからおとなまで だれもが楽しめる 飲みものをつくる

1972年からは、清涼飲料水やお茶など、おとなも子どもも楽しめる飲みものを本格的につくりはじめました。海外にも多くのグループ企業があり、その国の人たちの好みに合う飲みものをつくって販売しています。

▶子どもに人気の「なっちゃん！」には、オレンジ、りんご、ぶどうの3種類の味があります。キャップのなっちゃんの顔も、じつは5つの種類があります。

芸術やスポーツなど、 文化を支援する活動を行う

サントリーでは、社会にうるおいをあたえる企業をめざして、美術や音楽、スポーツなど、人びとが楽しめる文化を支援する、社会貢献の活動にも力を入れています。

▲東京の六本木にあるサントリーホールは、「世界一美しいひびき」をめざして、1986年に開館。国内・国外の若いアーティストを応援する企画もあります。

サントリーの
SDGsトピックス》

6 安全な水とトイレを世界中に

15 陸の豊かさも守ろう

森を整備して水を育てる 「天然水の森」活動

水のめぐみを大切に考えるサントリーにとっては、地下水をからさないようにすることが重要です。

そのために、「天然水」もふくめたさまざまな製品を生産する工場のある地域で、「天然水の森」という活動をしています。これは、工場で使用する地下水の量よりも、森がはぐくむ地下水の量が多くなるように、周辺の森を整備する活動です。地下水をまもるためには、栄養たっぷりのふかふかな土と元気な木が必要です。そのために、山のくずれたところをなおしたり、日当たりをよくしたり、草を生やしたりします。100年先を見すえたとりくみです。

木も草も土も、同じ森は一つもありません。それぞれの森の個性に合わせた整備をします。

水科学研究所
川﨑雅俊さんの仕事
（かわさきまさとし）

サントリーでは製品を製造するのに、たくさんの地下水をくみあげて使うため、水に関する研究を行う「水科学研究所」という部署があります。川﨑さんはここで、新たな水源地をさがしたり、水源としている地下水が使いつづけられるように、その成分や流れる様子を調べて研究したりする仕事をしています。

新しい水源をさがす

■きびしい条件に合う土地を見つける

より多くのお客さまに商品を味わってもらうためには、新しく利用できる水源を見つけることが必要です。川﨑さんは、つねにその候補となる場所をさがして、調査しています。

水源になるかどうかは、その場所にじゅうぶんな雨がふって水が流れこむこと、将来にわたって利用しつづけられること、そして飲料水とし て安全でおいしい水であることなどで決まります。

条件がきびしいため、新しい水源をさがすことはとてもたいへんです。

■現地を歩いて地形や水質を調べる

水源をさがすにはまず、地図で候補の場所の地形を調べます。いまは道になっている

▲
水源の候補地について、チームのメンバーと議論します。地形を見て、どの場所にわき水があるか、どんな水質かなどを推測しあいます。

新しい水源の候補になる土地について、パソコンを使ってくわしく調べます。
▼

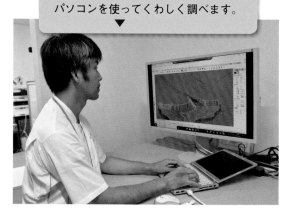

けれど昔は川だったところなど、昔と地形が変わっていれば、昔の地図も参考にします。

現地調査も大事です。はじめて行く土地は、地図を確認しながらその地域を歩きまわり、地形や地面のかたさ、川の流れや川底の様子などを調べ、土地の全体像を理解します。そして、水を採取してきて、水質を調べます。水源が見つかるまで、こうした調査を根気強くつづけます。

水源の調査では、とにかく周辺を歩きまわって、その土地の特徴を知ることが大切です。

水源地の調査をする

■自然のめぐみを使いすぎないために

すでに「天然水」の水源として利用している地域で、地下水の様子を調査・分析することも、川﨑さんの大事な仕事です。

自然のめぐみである水は、いくらでも使えるわけではありません。工場では、その土地の地下水をくみあげて使っていますが、水がにごって飲めないものになってしまったり、使いすぎてなくなってしまったりすることもあります。

そのため、地下水がどんな状態にあるか、その水はどこからやってきてどのくらいの量があるのか、調べておかなければなりません。

■地形や地質を調べ、地下水の特徴を知る

地下水の様子を知るためにはまず、その地域がどんな地形で、どこに川やわき水があるのか地図で確認します。

地形や地質を調べることは、たとえると、その土地の水がどんな「うつわ」に入っているのかを知るということです。うつわの形や特徴がわかると、地下水がどこからどのように流れてきているかを推測することができるのです。

■現地に行って水や土地を調査する

水源地には定期的に行き、現地の川で、流れている水の様子、まわりの岩や地面のかたさなどを調べます。現地には雨の量をはかる雨量計や、川を流れる水の量をはかる流量計などが設置してあるので、そのデータも確認します。

地図で地形を調べ、川の水の様子を確認する場所や、水を採取する場所などを考えます。

▲川の流れかたや様子をよく観察し、地形図とことなるところや、以前と変わったことがないか確認します。川の底の石の形などもチェックします。

土がかたすぎてもやわらかすぎても、水は通りません。ハンマーでたたいて、音や感触から地質のかたさを調べて、地下水の流れかたを推測します。▶

前回とくらべて、雨量計や流量計のデータが大きく変わっていないか、地図と地形がちがっているところはないかなど、細かく観察をします。

変化があれば、地下水の流れや質が変わる前ぶれかもしれないので、変わったことがないかを確認することは大切なのです。

川の水は、現地のいろいろな場所で採取し、会社にもちかえって、成分を分析します。

水質の分析をする

■地下水の流れを目に見える形にする

水には、その通り道にあるさまざまな成分がとけこんでいます。水にどのような成分がふくまれているかを調べると、その水がどんな岩や石に、どのくらいふれてきたかがつかめて、流れてきた道すじも推測することができます。

採取した水に、どんな成分（鉄、カルシウム、マンガンなど）がどのくらいふくまれているか、機械を使って調べます。▶

水の成分を分析したら、その分析結果と、地形や天候のデータなどを集めて組みあわせ、新しいデータをみちびきだします。

現地で採取した場所ごとに、コンピューターを使ってこうした作業をくりかえし、「水循環モデル」をつくります。

成分の濃さをはかる機械を使って、シリカという成分の濃さをはかっています。調べたい成分によって、使う機械は変わります。

「水循環モデル」とは、水を採取した土地に、どのような水があり、その水がどのように流れてきているのか、目に見えない地下の流れもふくめて、コンピューターの画面上でわかりやすく見えるようにしたものです。「水循環モデル」は、工場のある地域ごとにつくられ、これをもとにこのまま水の採取をつづけて問題がないかを確認します。

■気候の変化や災害についても調べる

地下水は、ふった雨が地中にしみこんだもので、地球を循環する資源です。気候の変化や水に関係した災害などがあれば、地下水に影響をあたえます。そのため、川﨑さんは、サントリーの工場がある海外の国もふくめて、天気の変化や災害のニュースを日ごろから確認しています。

調査結果を活用する

■いろいろな部署に情報を伝える

「水循環モデル」の情報を、必要な部署に伝えることも、川﨑さんの仕事です。

たとえば、品質管理を行う生産部門には、このままの量の水を使って「天然水」を生産しても問題がないかどうか、その結果を報告します。

また、どこにふった雨がどこに行って、どのくらいの期間、どこの土地を流れて、「天然水」となったのかといった情報は、商品の特長であり、価値になります。そのため、「天然水」の価値を世の中に伝えていくブランド戦略部門にも、そうした情報をとどけます。

「天然水の森」活動（→27ページ）を進める部門には、調査した地域の水の状態や地形、地質の情報を伝えます。それをもとに、その地域で森を整備するための計画づくりに役だててもらいます。

川﨑さんはそれぞれの部署が必要とする情報を、わかりやすく伝えるためにくふうして報告しています。

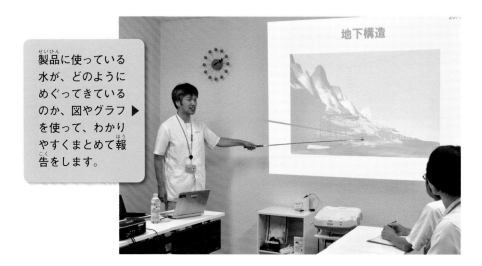

製品に使っている水が、どのようにめぐってきているのか、図やグラフを使って、わかりやすくまとめて報告をします。

サントリーの川﨑雅俊さんに聞きました

インタビュー

・・・・・・・・・・・・・・・・・・・・・・・・・・・・・・・・・・

人が自然とくらしつづけられる
方法を見つけたい

静岡県出身。大学は農学部に入学し、水を研究する森林水文学を専攻しました。大学時代には、テレビ番組の「鳥人間コンテスト」に出場するサークルにも入っていました。大学院で研究をしたあと、2005年にサントリーに入社。入社後ずっと「水科学研究所」で、水源の水の調査や研究をしています。

次の世代の人が
安心してくらせる
環境にしたい

Q 子どものころから水に興味があったのですか?

　地球環境のことに興味がありました。環境の問題によって、空気がよごれたり、動物や植物の生態に影響をあたえたりすることを知って、このままでは自分たちが生きているあいだはよくても、次の世代の人はくらせなくなるのではないかと考えました。そして、次の世代の人が安心してくらせる方法を見つけられるような勉強をしたいと思いました。

　高校生のとき、地球温暖化が地球にあたえる影響について、地球上の水の流れとともに考える「森林水文学」という学問があることを知りました。そこで、大学では農学部に入学してこれを学ぶことに

32

わたしの仕事道具 🔧

地図、スマートフォン、手帳

水源地に調査に行くときは地図をかならずもっていきます。地図を見ながら、いまいる場所を表示してくれるスマートフォンのGPS機能で場所を確認します。川や地質の様子などは、スマートフォンで写真をとると撮影場所が記録できて便利です。気づいたことは手帳にしっかりメモしておきます。

しました。

そこでは、森林にふった雨が土のなかにしみこんでたくわえられるしくみや、水や森が環境にどんな影響をもたらすかについて学びました。

Q なぜこの会社に入社したのですか?

大学で学んだことをいかして、地球環境に役だつ仕事ができると思ったからです。

また、サントリーは会社全体で「水と生きる」「人と自然とひびきあう」という目標をもっています。その考えに共感し、水資源を大切にし、人と自然について考えながら仕事ができたらすばらしいと思いました。

Q これまでに、仕事でうれしかったことは?

新しい水源をさがす仕事で、じっさいに水源地にできる場所を見つけられたことです。見つけた場所は、サントリー「天然水」の4番めの採水地となって、もうすぐ生産がはじまる予定です。

新しい水源地は、これから先、何十年も水をくみつづけることができる場所でなくてはなりません。もちろん、まわりの環境に悪い影響をあた

えないことも大事です。こうしたことを「持続可能」といいます。

安全でおいしい水をくみあげることが「持続可能」である場所を見つけることは、とてもむずかしいことです。そのため、見つけることができるよう、入社してから、チームの人と協力して技術をみがいてきたので、がんばりが形になったときには、とてもうれしかったです。

環境や自然を大切にするからよい製品ができる

Q 仕事で大切にしていることはありますか?

商品を買ってもらわなけれ

ば、サントリーは活動ができません。環境や水のことだけでなく、商品を買ってくれるお客さまに喜んでもらえているか、ということもいつも考えるようにしています。

でも、わたしのいる「水科学研究所」のような研究の部署は、お客さまと直接かかわることがあまりありません。そのため、そう考えるのがむずかしいと感じることもあります。

そういうときは、わたしと同じ年に入社した200人くらいいる仲間の顔を思いうかべます。仲間たちはそれぞれの部署で、商品を生産したり、商品がたくさん売れるように考えていたりしています。そ

んな仲間の仕事の役にたてていると胸をはれるように、毎日の仕事をすることが、お客さまの満足にもつながっていくと思います。

森と水の関係を学んでいた大学時代の野外調査の様子。「環境の問題を解決できる方法を見つけたい」という思いは、このころもいまも同じです。

Q この仕事のやりがいはなんですか？

環境や水を大切にすることが、そのままよりよい製品につながることです。

人が便利さや快適さをもとめたことによって、環境の問題が起きることもあります。でもわたしの仕事では、環境や自然を大切にしているから、お客さまも喜ぶよい製品ができ、会社も「持続可能」になっています。自然もお客さまもはたらいている人も会社も、みんなよくなる、そういう新しい方法を世の中にしめせる

と思うと、わくわくします。

そして、もう一つ。生きるのに欠かせない水をさがすことは、人類が誕生してからずっと、どんな時代にもどんな土地でも、がんばってやってきたことです。水源地をさがす仕事を通して、人類がずっとがんばってきたことに自分もかかわれることを、とてもほこりに思っています。

Q これからの目標はなんですか？

会社の枠をこえ、世界に向けて、人も自然も持続可能になれる方法をしめしていけたら、と思います。高校生のころに、次の世代の人が安心してくらせるような方法を見つける勉強をしたいと思った、その最初の気持ちを現実にしたいです。

一問一答 Q&A

Q 小さいころになりたかった職業は？
カメラマン

Q 小・中学生のころ得意だった科目は？
理科、社会

Q 小・中学生のころ苦手だった科目は？
数学、英語

Q 会ってみたい人は？
宮崎駿（アニメ映画の監督）

Q 好きな食べものは？
かき氷

Q 仕事の気分転換にしていることは？
旅行、ドライブ

Q 1か月休みがあったら何をしたいですか？
海外でのボランティア活動

Q 会社でいちばん自慢できることは？
「人と自然とひびきあう」という企業理念

サントリーの
川﨑雅俊さんの
（かわさきまさとし）
一日

出社したらまず、メールなどをチェックして、必要な連絡を行います。

会社が少し遠いので通勤には時間がかかりますが、電車では資料を読むなどして、時間を有効に使います。

スタート！！

チームのメンバーで集まり、調査の進み具合の報告や、自由な意見交換などを行います。

起床・朝食	家を出る	出社	メールチェック	ミーティング
5:00	6:30	8:30	8:40	10:00

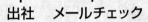

就寝	帰宅・夕食	退社	図書館で調べもの	資料を確認	分析作業	昼食
22:00	20:00	18:00	16:00	14:30	13:00	12:00

夕食後は、子どもと遊ぶ時間です。

水の成分を分析する機械は、チームの人たちと交代で使います。

会社の資料でわからないことがあれば、近くの大きな図書館に行って調べます。

少し気分を変えて、テラスで風に当たりながら資料を読むこともあります。

サントリー人事部採用担当の
小國愛実さんに聞きました

こんな人と
はたらきたい！

- ☑ 失敗をおそれず挑戦できる人
- ☑ 何かに夢中になれる人
- ☑ 人の気持ちを考えられる人

いろいろな人がいる
会社であることが大切

　サントリーは「いろいろ」が大事な会社です。はたらく人にはいろいろな性格の人がいて、いろいろな考えかたをする人がいるほうが、おもしろいものがつくれるからです。

　サントリーのグループ会社は、世界じゅうに300ていどあり、いろいろな国の従業員がいます。自分の国以外の人の考えかたを知って、協力していくことも必要です。

「やってみなはれ」の
精神でチャレンジ

　サントリーの社員は個性ゆたかですが、共通しているところもあります。創業者の鳥井信治郎がよく言っていた「やってみなはれ」の精神をもっているところです。

　失敗することをこわがらず、新しいことに挑戦し、それを夢中でやりぬいていくことは、会社がはじまったころからずっと、大切にされています。

　また、飲みものは、飲んで気分がさっぱりしたり、友だちといっしょに飲みながら楽しくすごしたり、人の気持ちにもかかわるものです。そのため、人の気持ちを考えるのも大事なことです。

いろいろな人と話して
自分の個性をのばそう

　「いろいろ」を大事にするために、自分の個性とたくさん向きあってほしいと思います。それは、ほかの人とかかわるときや、新しいことに挑戦したときに見えてくるものですから、一歩ふみだしていろいろな経験をしていきましょう！　やってみなはれ！

1年に1度開かれる「有言実行やってみなはれ大賞」。新しい発想で挑戦をした活動を世界じゅうの社員から募集。選ばれたチームは日本で発表、表彰されます。

雪印メグミルク

関東販売本部 首都圏中央支店
松本希実子さんの仕事

雪印メグミルクは、東京都新宿区に本社を置く、牛乳やチーズなどの乳製品を中心に製造・販売している会社です。ここでは、商品をお店でより多く販売してもらえるように、首都圏のお店を中心に営業をしている、松本希実子さんの仕事をみていきましょう。

雪印メグミルク

雪印メグミルクは、乳製品や果汁飲料、デザートなどを製造・販売している会社です。「未来は、ミルクの中にある。」の考えのもと、安全・安心にこだわり、牛乳を通して人びとの生活をよりゆたかにすることをめざしています。

雪印メグミルク株式会社
本社所在地 東京都新宿区（本店 北海道札幌市） **創業** 1925年 **従業員数** 5,105名（2019年3月31日現在）

90年以上にわたり乳製品をつくりつづける

雪印メグミルクは、もともとはバターやチーズを製造する北海道の会社でした。90年以上のあいだ、乳製品の製造と向きあい、ヨーグルトやクリームなど、さまざまな商品を生みだしてきました。現在は、ジュースなどの果汁飲料や、デザートなどもとりあつかっています。人の体は、食べものによってつくられているという考えを大切にし、質のよい商品の製造と販売を心がけています。

▲「雪印北海道バター」は、大正時代からつくられている商品です。このバターの販売をきっかけに、会社は大きくなっていきました。

▼安全な環境にある工場で、牛からしぼられた牛乳は、加熱殺菌などの処理をされ、紙パックにつめられていきます。

ミルクの無限の可能性を広げていく

「雪印メグミルク牛乳」は、より新鮮で、しぼりたてのようなおいしい牛乳をめざして開発された商品です。パッケージにもおいしさを引きだすひみつがあります。

雪印メグミルクは、栄養が豊富で人の体をつくる牛乳には、まだねむっているパワーがあると考えています。お客さまによりよい状態で口にしてもらえるよう、商品の開発や製造の技術をみがいています。

◀パッケージには、独自の改良をした赤いインクが使われていて、牛乳の味に影響をあたえる照明や日光をさえぎり、おいしさをたもつ効果があります。

よりおいしく、より体によい
食べものの研究・開発をする

　商品を開発する研究施設では、よりおいしく、体によい食べものをつくるため、調査や実験が行われています。雪印メグミルクが見いだした「ガセリ菌SP株」という乳酸菌には、内臓脂肪をへらす機能があることがわかりました。研究結果は新しい商品の開発に利用されるだけでなく、ブームを起こして業界全体に影響をあたえることもあります。

▶研究施設での実験の様子です。

▲「ナチュレ 恵 megumi」というヨーグルトには、おなかの調子を整える乳酸菌を配合しています。こうした、体によい乳酸菌を見つけ、食品に活用する方法を考えるのも、研究施設の役目です。

雪印メグミルクのSDGsトピックス》

乳製品をつくりつづけるための
酪農家支援と、消費者への食育活動

　数多くの乳製品をとりあつかっている雪印メグミルクにとって、酪農＊の生産者を支援し、動物や自然のゆたかさを持続させていくことはとても重要です。消費者のニーズにこたえながら、生産者の生活もゆたかにするため、酪農家と情報や研究成果の交換を行い、経営のサポートなどをしています。また、消費者に牛乳・乳製品について知ってもらうことも大切にしています。「酪農と乳の歴史館」や酪農現場を体験できる「雪印子どもの国牧場」、工場見学、地域の学校で食育の授業などを行い、酪農や牛乳・乳製品への理解を深めてもらいたいと考えています。

雪印メグミルクグループの「雪印こどもの国牧場」では、約40頭の乳牛や約30頭のヤギたちとのふれあいや、バターやチーズづくり体験など、酪農への関心を高めてもらう機会を提供しています。

＊乳牛やヤギを育てて、牛乳やチーズの原料となる生乳を生産する農業のことです。

雪印メグミルク

関東販売本部 首都圏中央支店
松本希実子さんの仕事

営業担当の役割は、会社の商品をできるだけ多くスーパーやコンビニエンスストアなどに置いてもらい、売りあげをのばすことです。松本さんは首都圏を中心に、複数のスーパーの営業を担当しています。より多くのお客さまに商品を手にとってもらえるように、売り場づくりなどの提案もします。

提案書をつくる

月に１度行われる、首都圏の営業担当が集まる会議で、それぞれがどんな営業のくふうをしているのかなど、情報の交換をします。

■商談を行うための準備をする

営業の役割は、スーパーのバイヤーと商談を行い、できるだけ自分の会社の商品を店頭に置いてもらうことです。バイヤーとは、スーパーなどでどの商品をどのくらい仕入れるのかを決める人のことをいいます。

松本さんは、自分の会社の商品にどんな魅力があるのか、また、どんな売りかたをすればスーパーの売りあげと利益につながるのかといったことをバイヤーにアピールします。

そのために必要になるのが、商品の特長やこれまでの売りあげなどの情報です。

■商品の知識を深め売れゆきを調べる

松本さんが営業であつかっている商品は、おもに牛乳やヨーグルトなどの乳製品です。ふだんから、商品についての知識を深めています。それぞれの商品の特長や、開発された理由などを確認し、商談でスーパーのバイヤーに伝える

セールスポイントを整理しておきます。

また、ほかの会社の商品についての知識を得ることも重要です。味や見た目などの特長、スーパーの店頭でのあつかわれかたなどについて、自社の商品とのちがいを調べます。

このような、商品そのもの

企画部の担当に商品の売れゆきを確認し、今後の売りかたを相談します。商品の説明をしてもらうこともあります。

提案書は、商品の写真や売りあげをグラフ化したデータなどをのせ、バイヤーにわかりやすいようにまとめていきます。

の情報に加えて、市場での売りあげについての情報も集めます。企画部が収集しているデータや、スーパーから提供されているレジの売りあげデータなどを参考にします。

■集めた情報をもとに 提案書をつくる

こうして集めた情報をもとに、スーパーとの商談に使う提案書をつくります。提案書は、今後どの商品を、どのくらいの価格で、どのくらいの量をあつかってほしいのかといったことをまとめたもので、バイヤーが商品の採用を決め

るための重要な資料です。集めた売りあげのデータや、商品の特長などをまとめて、バイヤーが提案に納得できる内容に仕あげます。

提案書は、すべてのスーパーに同じ内容で出すわけではありません。スーパーの運営方針や、立地条件、客層などで、売れゆきのよい商品がことなるため、それぞれのスーパーの特徴に合わせて、内容を変えていきます。ふだんから、スーパーの情報を分析しておくことが大事です。

また、お客さまがより商品を手にとりやすい売り場づくりを考え、提案するのも営業の仕事です。CM放送やキャンペーンが決まると、それに

合わせて、商品を使ったレシピを紹介するチラシや、ポップ*などを、店頭に置いてもらう用意をします。

販売促進に役だてたいレシピがあれば、会社のキッチンでじっさいにつくってみて確認します。スーパーの店長に試食してもらうこともあります。

スーパーへ営業に行く

■提案書をもとに 商談を行う

提案書をもとに、スーパーのバイヤーと商談を行います。

商品の提案のほか、ポップやチラシなど、店頭で置いてもらう予定の販促物をもっていき、どのような販売支援ができるのかも具体的に説明していきます。

商談のなかで、バイヤーから商品や販売方法についての

*店頭でとくに売りたい商品のそばに掲示される、その商品の魅力をうったえる広告のことです。

商談では、じっさいの販促物をバイヤーに見せながら、商品の説明をします。

新しく店頭で使うポップについて、スーパーの担当者に説明します。▶

質問を受けることもあります。商品の細かな成分や特長など、自分で答えきれないような質問を受けた場合は、商品開発の部署へ問いあわせをするなどして、一つひとつ疑問点を解決していきます。

こうした商談は、平均して1か月に1回ていど行われます。一年のなかで、とくに重要なのが、春と秋の商談です。ほとんどのスーパーでは、春と秋にたながえという作業をします。たながえでは、店のレイアウトや置く商品の内容、量などが大きく変わります。仕入れの量や種類をふやしてもらうチャンスなので、とくに営業に力が入ります。

■スーパーに足を運び　売れゆきを確認する

商談のあとは、仕入れてもらった商品の売れゆきを確認します。売りあげが下がっている商品があれば、その原因

をさぐり、販売の方法をくふうしたり、別の商品に入れかえるという提案をしたりすることもあります。

売れゆきのデータを見るだけでなく、じっさいにスーパーを訪問することも大事です。在庫が足りているかどうかはもちろん、お客さまの反応なども確認します。店舗のスタッフや、バイヤーにも話を聞いて、改善点を見つけていきます。

新しいポップや販促物がで

きたときは、店舗までとどけ、店頭に設置することもあります。こうした日びの活動が、売りあげの向上につながっていくのです。

■スーパーの利益も　考えて営業する

営業の役割は、会社の商品の売りあげと利益をのばすことです。いっぽうで、自社の商品を販売することで、スーパーにも売りあげと利益を上げてもらうことが大切です。

営業は、会社とスーパーを結ぶ重要なかけ橋なのです。

スーパーを訪問したときには、自社の商品のたなを整えます。▶

雪印メグミルクの松本希実子さんに聞きました

「食べること」を通して たくさんの人を幸せにしたい

岐阜県出身。学生時代はバレーボールにうちこんでいました。名古屋大学を卒業後、2016年に雪印メグミルクに入社。千葉県の工場で研修を受けたのち、宮城県仙台市にある支店で3年間、営業を担当していました。2019年に首都圏中央支店に配属になり、現在は埼玉県を中心に神奈川県と東京都のスーパーを担当しています。

食べてくれる人を 思うとやりがいを 感じます

Q この会社を選んだ 理由はなんですか?

　人が生きていくうえで、だれもが毎日行っていることが、「食べること」です。わたしは、この「食」を通じて人を幸せにしたいという思いをもっていました。

　食べもののなかでも牛乳は、ヨーグルトやチーズ、バターなど、さまざまな食品にすがたを変えることができます。牛乳そのものは苦手でも、チーズなら食べられるという人もいますよね。

　こうした、はば広い魅力をもっている、乳製品の製造や販売にたずさわっていくことで、たくさんの人の生活に役だつことができるのではと思い、雪印メグミルクに入社しました。

Q 仕事でやりがいを感じるのはどんなとき？

営業の支店は全国にあります。どんなに遠い地域でも、そこに住んでいる人がいるかぎり、営業はスーパーや小売店に商談に行く必要があるのです。東北の地域を担当していたときは、片道３時間かけて商談に行くこともありました。移動はたいへんでしたが、商品を楽しみにしている人がいると思うと、やりがいを感じました。

また、店頭で商品を整理したりポップをつけたりしていると、お客さまから「この商品、おいしいわね」と、声をかけてもらえることもあります。お客さまの感想を、直接聞ける環境にある社員は少な

いので、これは営業ならではの喜びだと思っています。

Q 今後の目標を教えてください

会社に入った理由でもある、食を通じて、社会に貢献できる人になることが目標です。

そのためには、成功と失敗、両方の経験をたくさん積まなくてはいけないと思っています。営業はひとりでできる仕事ではありません。失敗はこ

わいですが、何かあれば、同じチームの上司や先輩方が助けてくれるという信頼感もあります。おたがいの成功を喜びあい、失敗をおぎないあって仕事をしているのです。

わたしはまだたよる側ですが、いずれは後輩にたよってもらえるように、成長していきたいです。

わたしの仕事道具 🔧

手帳と電卓

手帳には、スーパーのバイヤーとの商談の予定や、社内のスケジュール、納期など、さまざまなことを記入しています。また、商談や会議の席では、その場で価格の計算が必要になることが多いため、電卓もよく使います。手帳と電卓は、いつもセットでもちあるいています。

雪印メグミルクの 松本希実子さんの 一日

フロアのテーブルで、同僚といっしょに昼食を食べます。外出の時間によっては、外で食べることもあります。

会社に着くと、今日の予定を頭のなかで整理しながら、自分の部署のあるフロアに向かいます。

同じ営業のチームで、週に1度、スケジュールの確認などを行います。

スタート！

起床・朝食	出社	部署の会議	提案書など作成	昼食
6:00	8:15	9:00	10:00	12:00

23:30	20:00	18:30	17:30	15:00	14:00	13:00
就寝	帰宅・夕食	退社	帰社・書類作成	スーパーで商品チェック	商談	外出

提案書や、販売したい商品のパッケージや販促物などを持参して、バイヤーと商談を行います。

商品のたなを確認し、新しい販促物を設置します。お客さまが商品に注目してくれるように、掲示する場所をいろいろとためします。

担当しているスーパーへ商談に向かいます。会社から距離がある場合は、車で移動します。

雪印メグミルク人事部人事労務グループの
岩野大樹さんに聞きました

こんな人と
はたらきたい！

- ☑ **チャレンジを楽しめる人**
- ☑ **主体性をもって行動できる人**
- ☑ **チームワークを大切にできる人**

ミルクの可能性を広げ、価値を高める

雪印メグミルクでは、「未来は、ミルクの中にある。」という企業理念のもと、事業を行っています。

多くの商品の原材料は、牛のミルクです。ミルクは栄養価が高く、多くの人の健康をささえています。ミルクのもつ可能性を広げてその価値を高め、食べる、飲むという視点から、社会をよりよくしていくことが、わたしたちの役目だと考えています。

それぞれの立場でチャレンジをつづける

社内では営業以外にも、さまざまな部署で、たくさんの人がはたらいています。

いままでにない新商品や、新しい宣伝や販売の方法など、社員それぞれが自分のポジションで主体的に考え、チャレンジしていく心を大切に、仕事をしています。

酪農の支援を行いミルクで未来をつくる

わたしたちの会社は、国内の酪農家の方がたにささえられています。しかし近年、少子高齢化などで酪農家の人数がへってきています。そのため、持続可能な酪農生産の支援を雪印メグミルクグループでとりくんでいます。また、ミルクの価値を高める商品開発にも力を入れています。

ミルクを飲むとき、酪農家の方がたや、酪農の現状にも、関心をもってもらえたらと思います。そして、ミルクで未来をつくっていこうという気持ちをともにできる人と、はたらきたいと思います。

かんたんな打ちあわせをしたり、休けいをとったりできるスペースです。青あおとした草がおいしげる牧場をイメージして、グリーンファームとよばれています。ふだん接しない部署の人ともコミュニケーションができる場所です。

会社にはさまざまな役割の人がいる！ 仕事の種類別さくいん

会社ではたらく人のおもな仕事を、大きく10種類に分けてとりあげています。
このさくいんでは『職場体験完全ガイド』の61～70巻［会社員編］で紹介した、すべての会社の巻数と掲載ページを調べることができます。

1 会社の商品やサービスを売る

営業系の仕事

この会社を見てみよう！

- ◆NTTデータ　　➡62巻15ページ
- ◆日本出版販売　➡65巻37ページ
- ◆雪印メグミルク　➡66巻37ページ
- ◆エフエム徳島　➡69巻37ページ

2 品質のよい製品を円滑に生産する
生産・製造・品質管理系の仕事

この会社を見てみよう！

- ◆コロナ　　　　　　　➡61巻25ページ
- ◆JR九州　　　　　　➡65巻15ページ
- ◆カルビー　　　　　　➡66巻5ページ
- ◆ニトリホールディングス　➡68巻15ページ

3 アイデアを製品や広告などの形にする

クリエイティブ系の仕事

この会社を見てみよう！

- ◆ヤフー　　　　➡62巻25ページ
- ◆キングレコード　➡63巻17ページ
- ◆資生堂　　　　➡67巻35ページ
- ◆講談社　　　　➡69巻17ページ

4 コンピューターにかかわる仕事をになう
情報技術（IT）系の仕事

この会社を見てみよう！

- ◆NDソフトウェア　➡62巻37ページ
- ◆アマゾン　　　　➡64巻37ページ
- ◆カシオ　　　　　➡67巻25ページ
- ◆楽天Edy　　　　➡70巻15ページ

5 会社を経営し、組織をまとめる

経営者・管理職系の仕事

この会社を見てみよう！

- ◆富士通　　　　➡62巻5ページ
- ◆タカラトミー　➡63巻5ページ
- ◆中日新聞社　　➡69巻27ページ
- ◆七十七銀行　　➡70巻5ページ

6 新製品をつくるための研究・開発をする

研究・開発・設計系の仕事

この会社を見てみよう！

- ◆コクヨ　　　　➡61巻5ページ
- ◆セイコーマート　➡64巻5ページ
- ◆サントリー　　➡66巻25ページ
- ◆ノーリツ　　　➡68巻25ページ

7 市場を分析して、製品を企画する
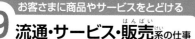
企画・マーケティング系の仕事

この会社を見てみよう！

- ◆京セラ　　　　　　　➡61巻37ページ
- ◆スパリゾートハワイアンズ➡63巻27ページ
- ◆ハウス食品　　　　　➡66巻15ページ
- ◆日本生命　　　　　　➡70巻27ページ

8 会社に必要な、事務作業を行う

事務系の仕事
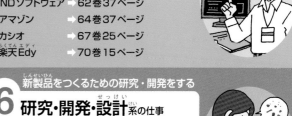

この会社を見てみよう！

- ◆ヤマハ　　　　　➡61巻15ページ
- ◆ジャパネットたかた➡64巻27ページ
- ◆ユニクロ　　　　➡67巻5ページ
- ◆ENEOS　　　　　➡68巻37ページ

9 お客さまに商品やサービスをとどける
流通・サービス・販売系の仕事
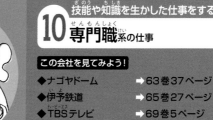

この会社を見てみよう！

- ◆イオン　➡64巻15ページ
- ◆H.I.S.　➡65巻5ページ
- ◆GAP　　➡67巻15ページ
- ◆TOTO　➡68巻5ページ

10 技能や知識を生かした仕事をする
専門職系の仕事

この会社を見てみよう！

- ◆ナゴヤドーム　　　➡63巻37ページ
- ◆伊予鉄道　　　　　➡65巻27ページ
- ◆TBSテレビ　　　　➡69巻5ページ
- ◆野村ホールディングス➡70巻37ページ

■取材協力

株式会社 マミーマート

カルビー 株式会社

サントリーグローバルイノベーションセンター 株式会社

サントリーホールディングス 株式会社

ハウス食品 株式会社

雪印メグミルク 株式会社

■スタッフ

編集・執筆　青木一恵
　　　　　　安藤千葉
　　　　　　桑原順子
　　　　　　田口純子
　　　　　　三島章子
撮影　　　　糸井康友
　　　　　　大森裕之
　　　　　　竹内洋平
校正　　　　菅村薫
　　　　　　渡辺三千代
デザイン　　sheets-design
編集・制作　株式会社 桂樹社グループ

職場体験 完全ガイド 会社員編　　　　食べものの会社 **66**

カルビー・ハウス食品・サントリー・雪印メグミルク

発行　2020年4月　第1刷

発行者　千葉 均

編集　　柾屋 洋子

発行所　株式会社 ポプラ社

　　　　〒102-8519

　　　　東京都千代田区麹町4-2-6

　　　　電話　03-5877-8109（営業）

　　　　　　　03-5877-8113（編集）

　　　　ホームページ　www.poplar.co.jp

印刷・製本　大日本印刷株式会社

ISBN978-4-591-16542-3

N.D.C.366　47p　27cm

Printed in Japan

ポプラ社はチャイルドラインを応援しています

18さいまでの子どもがかけるでんわ

チャイルドライン®

0120-99-7777

毎日午後**4**時〜午後**9**時　※12/29〜1/3はお休み

電話代はかかりません　携帯（スマホ）OK

18さいまでの子どもがかける子ども専用電話です。
困っているとき、悩んでいるとき、うれしいとき、
なんとなく誰かと話したいとき、かけてみてください。
お説教はしません。ちょっと言いにくいことでも
名前は言わなくてもいいので、安心して話してください。
あなたの気持ちを大切に、どんなことでもいっしょに考えます。

チャット相談は
こちらから

仕事の現場に完全密着！ 取材にもとづいた臨場感と説得力!!

職場体験完全ガイド

全70巻

N.D.C.366（職業）

図書館用特別堅牢製本図書